Vergewaltigung ist wie Sex mit einer toten Leiche

Julia Zeiss

Julia Zeiss

Vergewaltigung ist wie Sex mit einer toten Leiche

Mein brutales Leben als Hure

Vom Pflegekind ins Rotlichtmilieu
Band 3 - Autobiografie

DeBehr

Herausgeber: Verlag DeBehr, Radeberg
Erstauflage: 2022
ISBN: 9783957539311
Umschlaggrafik Copyright by AdobeStock by diy13

Inhalt

Vorwort

Meine lieben Leser und Leserinnen, hier bin ich wieder. Jetzt seid gespannt auf die neuesten Neuigkeiten oder Schriftzüge meiner eigenen Kreativität. Es gibt diese ganz normalen Tage, an denen unverhofft dein gesamtes Leben über Kopf stehen kann.

Wenn ich zurückschaue, auf Band 1 und 2, dann will ich noch einmal Ergänzungen in Band 3 von mir preisgeben.

Ich habe ein kleines Notizbuch. Dort stehen meine Erinnerungen drin. Alles, was ich noch wusste, als ich meinen Körper verkauft habe, mit fremden Männern schlief und danach den Raum mit ihnen zusammen verließ.
Das Ding ist nur: „Was stelle ich mit diesem Büchlein an?“ Es liegt einfach nur da. Alle meine Gedanken und Gefühle stehen seelenruhig dort niederge-

schrieben.
Blicke ich in mich hinein, dann ist das, was ich gemacht habe, eine dunkle Welt. Es einfach so verstauben zu lassen, das will ich nicht.
Umgeben von Dunkelheit. Es sind Erfahrungen, über die ich nicht reden kann oder mag. Bisher habe ich auch kein Wort darüber verloren. Mich fragte mal eine Person, ob es mir helfen würde, ihr das zum Lesen zu geben oder ob ich mir damit Schaden zufüge? Ich vermute beides. Ich würde mich sehr verletzlich zeigen. Meine Gefühlswelt kann bedroht werden, weil ich es als Verrat meiner selbst empfinden könnte.

Möglicherweise wissen Menschen intime Sachen über mich, die mir im Nachhinein unangenehm sind. Gleichzeitig bin ich geübt im grenzenlos und freizügig sein. Am besten füge ich eine Altersbegrenzung hinzu. Erst ab 18 Jahren lesen. Wobei es für leider sehr viele Menschen gar nicht nötig ist, eine Al-

tersbegrenzung zu setzen, da bestimmt ganz viele Gewalt im Alltag kennen.
Eine andere Person fragte mich: „Und was wollen Sie jetzt damit machen? Verbrennen, zerreißen? Oder vielleicht nutzen Sie es, um ein Buch zu schreiben!"

Noch jemand anderer meinte zu mir: „Es liest sich wie ein Roman."

Das was mich dazu bewegt, die Dunkelheit loswerden zu wollen, ist das unerträgliche Gefühl, mich so schmutzig zu fühlen.
Nun sind ja schon zwei bis drei Jahre vergangen, als ich meine ersten beiden Autobiografien veröffentlichen konnte. Das ist so ein Glücksgefühl, wenn ich daran zurückdenke. Ich bin berühmt. Ja, teilweise, aber die Tatsache, Bücher zu schreiben und Talent zu besitzen, ist schon etwas sehr Tolles. Über Talent lässt sich diskutieren, inwieweit ich wirklich schriftliche Werke verfassen

könnte, wie manch ein Dichter, wie Goethe oder so. Ich meine, dass ich mich halt etwas getraut habe und an meine Fähigkeiten glaube, die mich voranbringen und bis hierher gebracht haben. Talent von Selbstvertrauen.
Andere Aspekte, warum ich darüber schreiben will, ist, denke ich, hoffentlich anderen mitteilen zu können, dass wir nicht alleine sind.
Alleine in Form von Misshandlungen oder Vergewaltigungen.
Dieses Wort macht mich fertig. Ich denke, es kann für mich sowie für andere Betroffene einerseits triggernd, wie auch hilfreich wirken. Ich will mich damit beschäftigen und reflektieren, sowie analysieren und verarbeiten.

Ganz ehrlich war ich oben in einer Zeile offenbar nicht. Ich habe schon einige Teile aus diesem Büchlein in Band 1 und 2 mit integriert. Und Menschen, denen ich vertrauen wollte, habe ich es zum Lesen gegeben. Eine Art Ventil, zu zeigen, ich gebe dir mein Vertrauen. Wobei es jetzt etwas anderes ist.

In Kurzfassung zu meiner Vergangenheit: Mit 11 Jahren bin ich in eine Pflegefamilie gekommen. Meine Mama ist an Krebs verstorben und diese Erfahrungen bauen darauf auf.

Wie alles anfing

Entschlüsse, die mich dazu gebracht haben, mich prostituieren zu lassen:

- Aus meinem Bekanntenkreis wollen alle, dass ich eine Ausbildung mache. Alle sind sehr bemüht, mich darin zu unterstützen.
- Ich dachte: „Okay, ich möchte das Passende für mich finden und das ist doch sicherlich echt gut. Ich verdiene Geld und da ich ja eh nichts kann, könnte das doch super sein?“
- Und wenn man immer Sex hat, müsste man doch immer glücklich sein, weil Sex Endorphine freisetzt.
- Jetzt müssten die anderen (Pflegeeltern, Freunde) doch endlich mit mir zufrieden sein, dass ich das Richtige gefunden habe.
- Sex kann jeder machen. Und

auch wenn ich das nicht kann, können die Männer das ja machen.

- Ich war noch nicht bereit, mein 1. Mal zu haben. Ich war zwar neugierig, aber ich habe mir versprochen, niemals Sex zu haben. Das 1. Mal muss wieder in Ordnung gebracht werden. Gerade weil es toll war und der Mann so lieb war. Und wie mache ich das 1. Mal wieder rückgängig? Es geht nur, wenn mir jemand doll genug wehtut. Also müsste ich im Trauma weiterleben, um das wieder in Ordnung zu bringen.
- Es gab da mal einen Typ von der Straße. Ich war 19 Jahre alt und er hat mich angefasst. Ich habe mich gewehrt und ihn beiseite geschubst. Um eine Haareslänge bin ich dort einer Vergewaltigung entkommen. Ich habe mir im Nachhinein Hilfe gewünscht und irgendwie nicht bekommen.

Ich habe eine Anzeige gemacht.

- In der Pflegefamilie hat sich ein Familienmitglied immer einen runtergeholt. Ich habe mich sehr gedemütigt gefühlt. Selber die Schuld zugesprochen bekommen durch meine Pflegeeltern und ich war so angeekelt.
- Ich dachte immer: „Draußen ist es sicherer. Da kann ich weglaufen, wenn mir etwas passiert. Und es wäre ja egal, wenn etwas passiert. Das kenne ich ja alles schon. Häuser sind nicht sicher."
- Es muss ja irgendetwas an mir dran sein, dass mich alle immer nehmen, mir wehtun. Was ist nicht in Ordnung mit mir?
- Und wenn das mit den Männern immer wieder passiert, dann kann ich mich auch gleich anbieten. Besser ich biete mich von mir aus an, dann ist es freiwillig und es geschieht nichts mehr gegen meinen Willen. So fühle ich mich

immer sicher, wenn ich draußen bin und brauche keine Angst mehr zu haben.

- Mit 19 Jahren habe ich einen Suizidversuch unternommen. Es wäre mir auch fast gelungen, wirklich tot zu sein. Ich wollte über den Vorfall auf der Straße reden. In der Klinik dufte ich nicht darüber reden. Ich wusste nicht warum. Es hat mir keiner vernünftig erklärt. Warum hilft mir keiner? Stattdessen wurden mir kleine blaue Tavor-Pillen angeboten und ich wurde nach meiner Aussage von Suizidgedanken, direkt auf die geschlossene Station gebracht.
- (So nebenbei – Die Erlebnisse in Krankenhäusern könnte ich mittlerweile auch als Buch veröffentlichen.)
- Meinen Körper kann man haben; aber mich, mein Ich, bekommt keiner. Also, wenn man mich

einfach so nehmen will, dann bitte! Der Sex ist egal!

- Ich habe keine Eltern. Es passt eh keiner auf mich auf. Es interessiert doch eh niemand, wie es mir geht. Es ist alles so grenzenlos.
- Wenn ich mich einmal komplett zerstöre und alles in meinem Inneren hinüber ist, dann kann ich mich danach so gestalten, wie ich mich haben möchte. Damit, was die anderen bei mir schon kaputtgemacht haben; sprich meine Pflegeeltern und alles Leute, die mir hätten helfen können. Dann bringe ich das jetzt mal zu Ende und zerstöre mal alles.
- Ich rede die ganze Zeit! Ich rede durch mein Verhalten! Schaut nicht weg, sondern hin! Ich schreie nach Hilfe und hoffe, es hört mich jemand. Ich breche Grenzen, um ernst genommen zu werden. So nach dem Motto: „Glaubt ihr mir jetzt? War es

schlimm genug, damit ihr mir helft?" Hilf mir, dann kann ich endlich aufhören damit.

- Ich will zeigen, dass ich auch etwas kann. Ich kann vieles aushalten und bin stark. Ich will das auch machen, wie die Idole in meinem Umfeld. Immer arbeiten und stark und selbstbewusste sein.
- Ich zeige allen, dass aus mir etwas geworden ist. Oder um den anderen zu zeigen (wie meine Pflegeeltern), dass die schuld daran sind, dass ich jetzt so etwas mache. Guckt, was ihr angerichtet habt, das habt ihr jetzt davon.
- Auch wenn ich nicht viel habe, aber ich habe mein Aussehen. Für die Männer reicht das.
- Ich will zeigen, dass ich etwas kann.
- Ich habe mir Körperkontakt gewünscht. Umarmt zu werden. Nähe und solche Sachen. Das

was ich hatte (einmal im Jahr vielleicht mal jemanden in den Arm zu nehmen), das hat nicht gereicht. Aber Männer gibt es viele. Viele Körper. Und Geheimnisse dieser Menschen.

Gedanken, die ich hatte, während ich das abtippte. Als ich mich noch in solch prekären Lagen befand, war ich 21 Jahre alt. Mittlerweile bin ich 26 und kann einiges anders sehen und reflektieren. In manchen Facetten denke ich wohl immer noch leicht bis mittelschwer verzerrt. Es ist Zeit verstrichen und das Trauma verfolgt mich nicht mehr so intensiv wie früher. Daher kann ich es mit einem gewissen Abstand notieren. Das gehört bestimmt auch mit in einen Verarbeitungsprozess. In den letzten beiden Jahren habe ich stationäre Therapien gemacht. Mit und ohne Erfolg. Mit und ohne Hoffnung.
Wahrscheinlich ist es gar nicht relevant, dass ich das alles von mir preisgebe. Das

sind Gedanken und Emotionen, die in mir schlummern. Das gehört zu mir. Auf dem Lebensweg ändern sich Ansichten, vieles festigt sich. Manches kann ich auch endlich ruhen lassen. Für andere Betroffene ist es hoffentlich hilfreich zu wissen, dass wir nicht alleine mit schlimmen Erlebnissen sind.

Vielleicht will ich mich selbst auch nicht mehr so doll alleine fühlen und einfach ein stumpf eingependeltes Leben führen können. Mit dem ich selbst zufrieden bin. Mit 21 dachte ich noch ernsthaft, meinen Pflegeeltern die Verantwortung über mein Handeln abgeben zu können. Ich bin dort mit 18 Jahren ausgezogen und hatte nur sporadisch Kontakt zu ihnen. Aber meine Gedanken, waren wohl noch jünger zurückgeblieben, als wie ich mich biologisch weiterentwickelt habe.

Ich bin selber für mich und mein Handeln verantwortlich. Das können andere Menschen zwar bedingt beeinflussen, wenn ich das zulasse, aber ich bin doch ich. Und ich bin wichtig. Ich bin da. Zu

meiner psychischen Erkrankung gehört, denke ich, dass ich mich nicht immer bewusst lebendig wahrnehmen kann. Dass ich kein vorhandenes Grundgefühl besitze und spüre: Ich bin da! Mich gibt es! Ich spüre mich nicht!
Vermutlich fällt es mir dadurch einfacher, mich unsichtbar zu machen. Weil ich ein Talent habe, innerlich in mir selbst verschwunden zu sein. Wie gesagt: „Ich gehe so gerne verloren, weil ich so gerne wieder gefunden werden will!“

Tagebucheintrag

Am 26. September 2016 habe ich mir fest vorgenommen, Nutte zu werden.
Es war ein Tag wie jeder andere, nur mit dem Aspekt, endlich was gefunden zu haben, was mir in dem Moment einen Halt gegeben hat. Es war an einem Montag. Tagsüber war ich noch bei Susi. Wir haben zusammen ihr Auto gewaschen und ich hatte nur ihr schon sehr viel von meinen Plänen erzählt. Sie hat mir davon abgeraten, aber sie konnte mir nicht helfen.
Am Abend war ich noch zum Training gegangen. Zum Fatburnerkurs. Ich trainierte viel und regelmäßig. Wer mag mich denn, wenn ich hässlich aussehe? „Gar keiner!“
Solche Gedanken schwirrten viel in meinem Kopf herum. Ein kaputtes Selbstwertgefühl.
Wie schon längere Zeit vorher, habe ich mich auch an dem Abend wieder betrun-

ken, um irgendeinen inneren Schmerz nicht fühlen zu müssen. Einen Kumpel lud ich zu mir ein. Alleine wollte ich damit nicht anfangen.
Finn kannte ich aus dem DBT-Modul. Eine Therapieform für Menschen mit Borderline-Störung. Na ja, jedenfalls haben wir bei mir zu Hause angefangen zu kiffen und zu trinken.
Später suchten wir in der Stadt eine Möglichkeit, wie ich am besten Nutte werden könnte. Finn kannte auch nicht mehr, als ich selbst schon wusste.

Wir waren am Bahnhof und in den Straßen, wo das Rotlicht von dem Bordell, schon meine Aufmerksamkeit bekommen hatte. Wir sind tatsächlich auf eine Frau gestoßen, die schon länger in dem Bereich tätig war.
Ich fragte sie: „Kann ich mitmachen und auch Männer haben?" Ich ergänzte verschmitzt: „Ich will auch Nutte werden!"
Sie schaute mich ganz entsetzt an und meinte: „Du musst mit meiner Chefin

sprechen! Und warum du?"
Finn und ich sind weitergegangen, um den Einstieg zu finden.
Es verlief dann doch etwas anders. Ein Typ in einem schwarzen Auto hielt neben uns rechts an und fragte: „Kann ich euch helfen?"
Ich erzählte sofort von meinen Plänen und er meinte, dass wir bei ihm in den Wagen steigen sollen. Er könne uns helfen.
So haben wir das auch gemacht. Vor Aufregung und Angst, habe ich schon fast das Atmen vergessen und ich musste die ganze Zeit lachen, um meinen Stresspegel zu regulieren. Im selben Moment kam mir die Sorge von früher in den Sinn. Dieselbe Angst. Ein Hauch vom Tod und ich vermisste meine Mama so sehr.
Vermutlich suchte ich Schutz. Aber ich musste da alleine durch. Denn wer passt auf mich auf? Keiner! Diesen schmerzhaften Gedanken drängte ich, so schnell es ging, auch wieder weg.

Der Typ meinte, dass er uns erst mal mitnimmt. Er hat schon vielen Frauen weitergeholfen. Er hat auch schon viele weitervermittelt und sagte, ich könne viel Geld verdienen. Natürlich müsse ich mit ihm zusammenarbeiten.

Der Mann hatte krasse Muskeln, die seinen Körper stark aussehen ließen. Bei ihm fühlte ich mich sicher und gleichzeitig saß mir die Angst im Nacken. Zu einem See hatte er uns mitgenommen. Ich dachte eigentlich, dass er uns umbringen will, aber es war dann doch nur, dass ich gut aussehend noch üben muss, was mein Auftreten angeht. Eine Äußerung von ihm: „Du musst es so drauf haben, dass dich die Typen anschauen und sofort einen hochkriegen!"

Der Fremde und ich sind aus dem Auto gestiegen, als wir am See angekommen sind. Er stand mit dem Rücken zu seinem Auto und sagte: „Blas mir einen." Ich stellte mich vor ihn und kniete mich

hin, um das zu machen, was er von mir wollte. Ich hatte seinen Schwanz in meinen Mund genommen. Wir haben uns beide halbwegs ausgezogen, sind dann doch ins Auto gegangen.
Finn wurde von ihm aufgefordert, nach draußen zu gehen, aber das wollte ich nicht. Also blieb Finn vorne sitzen, während wir hinten Sex hatten. Wir hatten keine Kondome gefunden, also musste es ohne gehen.
Na ja, er zog seinen Schwanz aus mir raus und spritzte auf meinen Körper und meine Haare. Mir ging es besser nach dem Sex. Es war für mich nicht schlimm, außer der Ambivalenz mit dem Gedanken, was wäre, wenn ich schwanger geworden wäre? Ich will ein Kind – Nein, das geht aber nicht!
Meine Gedanken kreisten kurzfristig im Kreis. Der Fremde meinte, wir sollen niemandem davon erzählen. Das bleibt unter uns.
Dieser Typ brachte uns zum Bahnhof zurück. Auf dem Rückweg haben wir

noch auf einem Parkplatz angehalten. Ich wollte ein paar Züge vom Joint rauchen und es war eine ganz schön aufregende Sache.
Finn und ich saßen später mitten in der Nacht am Bahnhof und haben uns vor Lachen nicht mehr eingekriegt. Und ich brauchte noch mehr Alkohol. Etwas Bier, zwei Dosen, dann sind wir zu mir gelaufen.
Sind irgendwann schlafen gegangen.
Die nächsten paar Tage wollte ich nicht duschen gehen. Ich bin drei Tage ungeduscht und mit Spermien im Haar herumgelaufen. Ich wollte seinen Körper immer noch bei mir haben.

Als mein Kumpel nach 1 oder 2 Tagen wieder zu sich nach Hause gegangen ist, da war ich echt traurig, verzweifelt, so alleine. Die Sorge war da, dass ich schwanger sein könnte. Aus irgendeinem Grund wollte ich meiner besten Freundin von der Sache erzählen. Früher hätte sie so etwas auch lustig gefunden, dachte ich. Aber jetzt, da war es anders. Sie hat mir angeboten, mit mir zum Frauenarzt zu gehen. Das kam dann alles später. Bevor wir uns getroffen haben, da habe ich schon wieder einiges angestellt.

28. September 2016

Es war das erste Mal, dass ich Geld eingenommen habe, um mit jemanden zu schlafen. An dem Abend habe ich mich noch einmal mit dem Mann getroffen, der mir weitergeholfen hat.

20:00 Uhr am Bahnhof und alleine. Wir haben besprochen, wie das abläuft und er fragte mich: „Hast du Angst?"
Als knappe Antwort gab ich ihm ein: „Ja."
Wie durch einen Trick schaffte er es aber, dass ich ihm vertrauen konnte oder auch musste. Wir sind gemeinsam zu Rastplätzen gefahren. Er hat mir angeboten, dass wir das mal in einer größeren Stadt machen könnten. Da geht das immer.
Auf den Rastplätzen hat es echt lange gedauert, bis wir jemanden gefunden haben.
Wir fuhren herum. Die Aussage war:

„Lust auf eine Frau?“
Sagten die Männer nein, gab ich empört hinzu: „Echt nicht?“
Es wollte jemand. Ein Truckerfahrer. 50,- Euro hat er gegeben.
Mein Zuhälter meinte, dass er warte und aufpasst. Meinen Kram sollte ich im Wagen lassen und nur ein Kondom mitnehmen.
Es war so ein Moment, wo das Glück auf meiner Seite gewesen ist. Als ich zu dem Lkw-Fahrer einstieg, packte er mich. Es war eng in dem Häuschen. Ich weiß, dass der Fahrer kurze graue Haare trug. Und Haare am Schwanz. Mir blieb im ersten Moment der Atem weg. Der Typ hat mir nicht wehgetan, aber er steckte seinen Schwanz in mich rein und durch seine Bewegungen wurde ich so doll an die Wand gepresst, dass es mir doch leichte Schmerzen bereitete. Zum Glück nur kurzfristig, weil er schnell gekommen ist. Und er hat mich gebeten, ihm einen zu blasen, aber ich bin drumrum gekommen.

20 Euro hat er wiederbekommen, weil ich nicht Blasen wollte.
Ich bin zurück in das Auto gestiegen. Wir wollten noch mehr Männer finden, aber nichts. Tränen liefen mir übers Gesicht.
Er meinte: „Das geht allen am Anfang so", und bot mir etwas zu essen an, was ich abschlug.

Langsam begann ich, vor mich hin zu träumen. Sah noch mal das, was in dem gelben Truck geschehen ist und fühlte mich auf einmal wieder so leer. Traurig. Ich wollte es nicht fühlen. Ich hab mich so schlimm gefühlt. Dabei war nichts wirklich Brutales vorgefallen, außer dass mir eher Bilder von ganz früher durch den Kopf gingen.
Das was als Kind für mich schlimm gewesen war. Bilder von meinem Vater, aber nichts, was klar und deutlich wäre. Mehr so ein Durcheinander, was in mir hochkam an dem Tag, in der Nacht.
Später fuhren wir auf der Autobahn an

weiteren Truckern vorbei. Er meinte, ich solle den Sitz zurückstellen und ich tat, was er sagte. Er steckte während der Fahrt seine Hand in meine Hose. Auch das kannte ich schon von der Straße. Es war mir sehr unangenehm. Ich wollte es auch da nicht so recht, weil ich keine Lust mehr hatte auf den Kram.
Ich war traurig, leer und einsam. Und mir war es dann auch auf einmal egal.

Na ja, mit meinem Zuhälter bin ich noch einmal zu dem See gefahren. Er wollte noch mal Sex mit mir. Mein 7. Mal erst insgesamt. (Zu dem Zeitpunkt fand ich es noch äußerst interessant, das mitzuzählen.)
Das 6. Mal Sex - und das als Nutte. Wir haben es gemacht und auch da hatte ich wieder furchtbare Schmerzen im Unterleib. Ich habe meinen Körper weggezogen. Es ging halt nicht. Aber es war okay.
Auf dem Heimweg hat mich mein Begleiter sehr getröstet. Völlig aufgelöst

war ich nun, weil es so eine Abwertung war, was ich dort getan habe. Ich wollte nicht, dass er mich zu mir nach Hause bringt. Deswegen log ich, um meine Sicherheit noch zu behalten.
20 Euro bekam ich zum Schluss.
Nachts bin ich nach Hause gelaufen. Wirklich weinen konnte ich nicht. Aber mir Gedanken machen. Ich habe mich so billig gefühlt. Hatte aber gleichzeitig eine Sache, an der ich meinen Wert festmachen konnte.

Ich schlich heim. Es war alles dunkel. Ein wenig Angst hatte ich, lenkte mich aber durch Musikhören ab. Mein Bauch tat mir sehr weh. Alles war total verkrampft in mir. Völlig verstört ging ich Schritt für Schritt.
Ich weiß nicht mehr, wann ich duschen gegangen bin. Aber der Tag danach, da brauchte ich wieder Alkohol, um den Schmerz zu betäuben. Schmerzmittel, um innere Schmerzen zu lindern.
Jedenfalls stand ich irgendwann unter

der Dusche. Ich wusch mich, wurde aber nicht sauber. Der Dreck klebte nur so an mir dran. Und dieser Ekel an meiner Haut.
Das Gefühl kannte ich aus der Pflegefamilie. Dort, wo es angefangen hat. Also im Vergleich habe ich mich nicht viel schmutziger gefühlt, nachdem ich meinen Körper das 1. Mal verkauft habe. Das Gefühl von Schmutz und Scham, war dasselbe, wie schon mit 16 Jahren.

Die Tage vergingen danach. Ich war unendlich traurig. Ich weinte, da mein Zuhälter weg war. Ich weinte, da meine Person nicht bei mir war. Dass ich sie zurücklassen musste, nachdem ich aus der Pflegefamilie abgehauen war. Ich weinte und weinte und weinte.

Und Susi war echt die falsche Person im falschen Moment. Sie hat mich einfach ohne jegliches Feingefühl darauf angesprochen. Es half zwar, weil sie sagte: „Entweder mein Zuhälter oder Freunde?“

Und ich entschied mich für meine Freunde.

Zeit brauchte ich, um über ihn hinwegzukommen. Aber ich zerschnitt die Sim-Karte mit seiner Nummer und die Sache war beendet. Auch wenn es sehr schmerzvoll war.

8. Oktober 2016

Ich bin so unendlich traurig und wütend, weil ich aufhören musste mit dem Nuttenkram. Es ist ziemlich negativ, in diesem Bereich zu arbeiten, aber ich will das. Warum auch immer.

Also eigentlich weiß ich das, aber es ist ziemlich schwierig auszuhalten. Ich denke, ich war da so 4 Jahre alt oder auch schon ein wenig älter. Weiß nicht. Jedenfalls waren wir da mal auf so einem Straßenfest, weil jemand Geburtstag hatte. Da gab es halt dieses Spiel, dass man sich freifegen musste. Und es waren halt ganz viele Leute aus der Nachbarschaft da und auch meine große Schwester und die anderen älteren wollten ihn alle nicht küssen. Bis ich überredet wurde, ihn zu küssen.

Die anderen wollten es auch alle nicht. Aber nachdem alle Erwachsenen auf mich eingeredet haben, tat ich es schließlich. alle schauten mich erwartungsvoll an. Ich fühlte mich unsicher und es war mir unangenehm. Aber ich küsste ihn auf die Wange und es freuten sich alle. Aber ich schämte mich und fühlte mich gleichzeitig toll. Ich habe so eine tolle Bewunderung von den Erwachsenen bekommen.

12. Oktober 2016

Da habe ich einen Bekannten aus den Niederlanden abgeholt. Vom Flughafen. Finn habe ich mitgenommen. Wir sind zusammen die lange Strecke gefahren und als wir dort waren, mussten wir noch ein wenig warten. Ich hatte mich auf ein schönes Wiedersehen gefreut, stattdessen war es eine riesige Enttäuschung. Er kam irgendwann mit seinem Hund raus und war total fertig. Er hat die ganze Zeit nur geredet und kam mir halt schon merkwürdig vor und hat so viel Stress in mir ausgelöst. Na ja, wir sind jedenfalls zum Auto gegangen und haben unterwegs noch einen Tramper mitgenommen. Das war schon cool. Mein 1. Tramper. Es war auch zurück noch eine total lange Strecke und mein Bekannter hat so viel erzählt. Und erzählt. Anstrengend war es, aber es war ganz gut, dass der Tramper da war und Finn auch noch. Als wir nachts bei mir zu Hause angekommen sind, da hatten mein Bekannter und ich uns noch über Prostitution und den ganzen Kram unterhalten. Ich dachte ernsthaft, dass ihm das halbe Jahr auf Reisen guttun würde, aber anscheinend wohl doch eher nicht. Wir haben uns gegenseitig voll den Schreck verpasst, weil er mir irgendwann erzählt hat, dass er noch voll am Runterkommen ist. Von irgendeiner Droge. Die er einen Tag vorher genommen hat. Im ersten Moment war ich krass geschockt, sauer und entsetzt. Angst und Überforderung kamen auch hoch. Na ja, aber ich konnte ja auch von dem Abenteuer erzählen, dass ich Nutte war.

Zum Schlafen bin ich die Nacht nicht wirklich gekommen, dafür hat mich mein Bekannter zu wach gehalten und diese krasse Angst, die ich einfach nur noch gefühlt habe. Am nächsten Tag, es war ein Donnerstag. Ich hatte viel zu tun, weil ich am 14.10.16 den Platz als Nutte wahrnehmen durfte. Ein richtiger Job. So

habe ich es erst mal gesehen. Aber tagsüber ging es mir nicht sonderlich gut. Ich hatte die ganze Zeit Angst und bin fast schwarz vor Sorge geworden, wenn ich an meinen großen Bekannten gedacht habe. „Was ist, wenn er jetzt tot im Straßengraben liegt?“, dachte ich so vor mich hin. Er hat zwei Tage erst mal nichts von sich hören lassen und war auch nicht erreichbar. Und was mich noch so krass wütend gemacht hat, war, dass das Zeug so nah bei mir war. Ich hätte so leicht mit abrutschen können und war echt am Kämpfen, wie ich am besten nein sage. Aber es ging ganz gut, weil ich zu meinem Bekannten meinte: „Wenn du das noch mal machen willst, dann mach es, aber dann bitte nicht hier. Ich will damit nichts zu tun haben.“
Und was halt in der Nacht noch merkwürdig war, da hat mich mein Bekannter gefragt: „Hast du jetzt eigentlich Ratten im Haus?“
Es war total ohne Zusammenhang und dann dachte ich nur, ob er jetzt Halluzi-

nationen von dem jahrelangen Alkoholkonsum hat oder ob es die Drogen sind? Ich habe mir jedenfalls Sorgen gemacht und wollte auch die Verantwortung behalten. Das kannte ich von meiner Mama schon ganz gut, wie es ist, in diese Rolle genommen zu werden.

So, zurück zum Tag, der mich noch in Angst und Schrecken versetzt hat. Ich war den gesamten Tag halt schon sehr angespannt und wollte nicht alleine sein. Am Nachmittag bin ich dann zu Susi und war die ganze Zeit am Zittern. Und sie kam noch auf die Idee: „Lass mal den Film – Requiem for a dream – schauen!“ Das haben wir auch getan und ich konnte nach dem Film nicht mehr aufhören zu zittern. Mir war kotzübel und am ganzen Körper durchzog mich diese heftige Spannung. Es hat ungefähr eine halbe Stunde gedauert, bis ich annähernd wieder zurechtgekommen bin. Und Susi fand die Idee als Schocktherapie sehr gut, damit ich weiß, was Drogen anrichten können. Später bin ich dann nach Hause. Dieses sehr vertraute Gefühl von Leere und Traurigkeit überkam mich mal wieder und diese eisige Kälte in meinem Inneren. Mein Bekannter war nicht da und ich war abends alleine zu Hause. Hab mich noch mal ausgeruht, aber so recht schlafen ging auch nicht. Am nächsten Tag war ich zumindest gut vorbereitet und Finn hat mich noch besucht. Wir haben zusammen noch getrunken und ich hatte ihm davon erzählt, was ich vorhabe. Am Abend sind wir auch zusammen hingegangen. Finn hat mich für diese Nacht auch alleine gelassen.

14. Oktober 2016

Eine Nacht als Prostituierte. Es war keine sonderlich schlimme Nacht für mich. Einfach nur eine Erfahrung, die ich mal sammeln wollte. Es war in einem Bordell, in der Stadt, in der ich wohnte. Der Abend verlief sehr entspannt. Die anderen Frauen waren supernett. Und mir wurde alles gezeigt. Ich habe mein eigenes Zimmer bekommen. Und trotz dieser Angst im Nacken, habe ich mich ziemlich wohlgefühlt.

Geschämt habe ich mich aus irgendeinem Grund schon ziemlich doll und mit den anderen habe ich mich auch sehr schnell verglichen.

In mir gingen Gefühle wild durcheinander. Dann dachte ich teilweise an meinen blöden Pflegevater. Der mir immer zu hören gab, wie dumm ich doch sei, hässlich, und er übte Kritik gegenüber meinem Körper.

Ich hasse diesen Makel an mir selbst. Dass ich von anderen verletzende Aussagen gehört habe und diese verinnerlichte. Schon in meiner Jugendzeit habe ich immer ein negatives Grundgefühl entwickelt, dass mein Körper, so, wie er ist, nicht in Ordnung sei. Was für eine Verletzung innerlich.
Jetzt bin ich 26 und habe immer noch zu kämpfen damit. Der Vorteil ist, ich kann mir das reflektieren, woher das Gefühl kommt und kann versuchen, es zu ändern.

Eine Nebennotiz: Dein Körper ist wunderbar. Egal ob klein, groß, dick, dünn! Du bist in Ordnung, so wie du bist! Mit deinem Charakter und Körper.
Um das zu verstehen und annehmen zu können, muss ich mir wohl selbst diese Worte glauben. Das klingt oft alles noch wie eine Fremdsprache. Aber immerhin, sollte das so sein, dass ich mich selbst, mag, so wie ich bin.

Zu dem Zeitpunkt fühlte ich die einschneidende Erniedrigung meines Selbstbildes. An meine Freunde von früher habe ich auch oft gedacht. Ich habe die schönen Zeiten vermisst. Da wo es mir gut ging und ich Menschen um mich hatte, die mich verstanden haben. Eine gewisse Traurigkeit überzog mich und mir wurde kalt.

Aus meinen Gedanken gerissen, fragte ich mich selbst: „Was tue ich hier eigentlich?"
An meine Pflegemutter mag ich gar nicht erst denken. Für sie war ich ein Fehler schlechthin. Wie sie mich ansah, so, als ob alles, was ich bin – falsch ist! Kein schönes Gefühl! Es hat auch nicht sonderlich viel zu meiner Lebensmotivation beigetragen.

Mit ihren Methoden, mich unter Druck zu setzen, mich zu manipulieren und mich als Objekt ihrer eigenen Zwecke zu benutzen und von Pflegekindern reich zu

werden, ohne zu merken, dass diese emotional immer ärmer dran sind!
So war das und nicht anders. Wobei es auch gute Momente dort gab.

In dieser Nacht riss mein Selbstwertgefühl noch ein Stück nach unten. Zwei Freier, die ich hatte. 80 Euro musste ich für das Zimmer blechen und 230 Euro blieben für mich.
Die beiden Freier waren okay. Der erste, den ich hatte, trug Frauenkleidung. Er wollte mich die ganze Zeit zu sich nach Hause einladen. Und zum hundertsten Mal sagte er mir: „Ich liebe dich!" Er wollte kein Kondom, und deswegen machten wir es ohne. Aber es störte mich nicht weiter.
Wir waren im Zimmer. Erstaunlich begeistert präsentierte er sich in einem ausgepolsterten Silikon-BH und Schlüpfer. Ihm stand das Outfit nun wahrlich nicht, aber es amüsierte mich, ihn anzusehen. Er schenkte mir diese Kleidung. Einige Zeit behielt ich sie und trug sie

für meine Puffnächte. Im Haus da waren noch die anderen Kollegen und Zuhälter. Und einer war ein etwas kräftiger Mann. Schwarzes, langes, glattes Haar, zusammengebunden als Zopf.
Er kam zu mir, nachdem ich die erste Runde erfolgreich geschafft habe. Es waren eine und eine halbe Stunde. Und er fragte mich: „Wie geht es dir jetzt?“, er redete weiter: „Wenn die anderen Frauen das mitbekommen, dass du ohne Gummi mit jemanden schläfst, dann machst du ihnen Konkurrenz, und die Freier kommen zu dir und du schnapst den anderen Frauen die Männer weg! Also immer mit Gummi!“
Abschließend sagte er: „Sag den anderen nichts davon! Und auch nichts von dem Kuss.“

Mir ging es sehr gut. Nur die Wirkung vom Alkohol war absolut nicht mehr zu spüren.
Er schaute mir in die Augen und sagte: „Du bist so eine Süße. Dein Gesicht.

Und ich würde dir niemals etwas antun, was du nicht willst!" Er gab mir einen Kuss auf die Wange.
Ich fühlte mich innerlich wie auf 4 Jahre zurückversetzt. Ich verstand seine Worte nicht. So viel Vertrauen, was gar keines war. Ich fühlte mich sehr wohl bei ihm.

Zurück in der Bar.
Ich kam durchgevögelt zurück und an der Bar saßen weitere Gäste. Einer sprach mich an: „Du hast dich hier wohl auch verirrt. Schaust mich an wie ein durchgeficktes Eichhörnchen!"
Dann gab es um 4.30 Uhr noch Freier-Nummer 2. Er konnte leider nicht so viel zahlen und deswegen hatten wir nur eine halbe Stunde Zeit zu zweit. Der Sex war unglaublich toll. Es machte genussvollen Anschein. Ich war noch sehr unerfahren. Außer Stöhnen und Temperament gab es nichts Gewaltsames bei ihm. Seinen Körper mochte ich gerne an meinem spüren. Für etwas Wärme, damit die Leere und Kälte in meinem Inneren für

eine Sekunde mal die Biege macht. Wir tauschten Adresse und Telefonnummer aus.

Als es 6:00 Uhr morgens war, fing ich an, meine Sachen zu packen. Den Job hatte ich sicher. Die anderen mochten mich gerne. Nebenbei hatte ich leichtverdientes Geld.
Frühmorgens machte ich mich auf den Weg nach Hause. Mir wurde zum Schluss gesagt: „Du kannst es dir ja überlegen, ob du wiederkommst, sonst ist die andere so alleine hier." Auf dem Weg nach Hause überkam mich so eine krasse Wut. So aus dem Nichts überschwappte sie mich. Ich dachte nur daran, was wäre, wenn ich schwanger bin? Und was ist, wenn mich dieser 1. Freier mit HIV infiziert hat? Es gab mir einen Halt, einen Job gefunden zu haben und ich freute mich auch. In einem Moment tauchte mein Lebensmut mal wieder auf. Die anderen Gedanken stimmten mich traurig.

Es bestand mehrmals die Möglichkeit, dass ich hätte schwanger sein können. Es war schon interessant, weil ich mich notgedrungen mit dem Thema Kinderkriegen beschäftigte. Abtreibung spielte dabei auch eine Rolle.
In der Zeit träumte ich viel und hatte plötzlich viele Ambivalenzen in Bezug auf meine tote Mutter. Zumindest war ich innerlich sehr hin und her gerissen. Zwischen Liebe und Hass. Bestätigung und Ablehnung. Eine Achterbahnfahrt gratis im Turbomodus.

Zu Hause angekommen, war mein Bekannter da. Sein Hündchen kam freudig knurrend, spielerisch auf mich zugerannt. Hellwach und aufgewühlt von der Nacht konnte ich noch gar nicht schlafen. Und mein Bekannter fragte auch: „Und wie wars?" Er sagte: „Ich wollte nicht, dass du danach alleine bist, weil ich weiß, dass man auch schlechte Erfahrungen sammeln kann!"
Bei den Worten kam echtes Mitgefühl

auf. Ich habe Trost aus seinen Worten herausgehört. Aber es freute ihn, dass ich gute Erfahrungen gemacht habe. Wir tauschten uns noch über jede Menge Kram aus. Und ich sagte ihm: „Ich habe mir Sorgen um dich gemacht.“ Und er sich genauso um mich. Gegen Mittag schlief ich erst mal ein. Albträume, die ich sofort hatte. Ich träumte schlecht und viel von der Pflegefamilie. Von Zwang und Ärger und vom Nuttesein. Ich freute mich immer noch über die Kleidung, die mir der 1. Freier geschenkt hatte. Endlich hatte ich vernünftige Strapse und konnte das lächerlich aussehende Bikini-Oberteil, das ich bei dem Truckerfahrer trug, aus meinem Sortiment nehmen.

Gedanken, die sich während dieser Zeit gebildet haben:

- Nutten kriegen nichts zu essen.
- Ich will den Männern gefallen, also muss ich mich anstrengen. Die mögen keine hässlichen

Weiber, also trainiere ich und werde schön.

- Ich bin voll billig.
- Das, was ich tue, ändert nichts an meinem Wert. Auch als Nutte bin ich immer noch in Ordnung, so wie ich bin.
- Ich verkaufe mich unter meiner Würde. 20 Euro, voll billig.
- Ohne Geld Sex zu haben, fühlt sich schlimmer an, als in dem Teufelskreis drin zu stecken.

Nach dieser Nacht beschloss ich ernsthaft, damit aufzuhören. Am Tag danach brauchte ich neuen Alkohol. Eigentlich noch am selben Tag. Die Tage verstrichen und ich soff mich dicht und schluckte alle möglichen Pillen durcheinander.

An einem Sonntag bin ich mit Finn ins Fußballstadion gegangen, da er Freikarten hatte. Er wollte natürlich wissen, wie es war, aber ich konnte nicht darüber

reden. Eine innere Erschütterung. Eine Nacht, die ich erst mal verarbeiten musste.
Die Geldscheine, die zu Hause immer noch an Ort und Stelle lagen, mochte ich nicht anfassen. Der Preis, den ich dafür bezahlt habe, war heftig. Es tat weh, das Geld zu sehen. Es fühlt sich so falsch an. Verlogen und dreckig.

Nach der Nacht ging mein Leben ganz normal weiter.
Aber das Thema ließ mich nicht mehr los. Es hat mich weiterhin sehr beschäftigt. Ab und an ging ich zu dem letzten Freier. Es fühlt sich okay an, ihn zu besuchen. Was sich allerdings sehr komisch angefühlt hat, war, als ich kein Geld verlangt habe. Da fühlte ich mich erst schlimm. Es war okay, den Kram zu machen. Mit dem Puff aufgehört zu haben und ab und an einen Mann zu treffen, den ich dort kennen und leicht lieben lernte. Im Grunde ist er sehr nett. Er hat mir nie wehgetan. Ich mag ihn. Er ist

lustig und ich mag seinen Charakter. Und seine Persönlichkeit. Das Einzige, was mich stört, ist, dass er trinkt und Drogen nimmt.

Entweder bin ich umgeben von Junkies, die alle irgendein Zeug konsumieren, oder ich bin umgeben von psychisch Kranken. Was ist besser? Das ist meine heutige und jetzige Devise. Ich fühle mich in beiden Welten nicht mehr richtig dazugehörig.

Mir kam auch schon die Idee, mit ihm wegzuziehen. Am liebsten hätte ich eine Familie mit ihm gegründet. Dass er mein Vater vom Alter her sein könnte, das störte mich überhaupt nicht. Ganz im Gegenteil, das habe ich sehr geliebt, dass mir die Männer eine Art Vaterersatz sein können.
Während der Zeit, in der ich mich verkaufte. Was besonders schmerzhaft war, waren die Besuche bei meinem Vater. Wenn er sich ein wenig um mich ge-

kümmert hat. Oder wenn er mir Geld gegeben hat. Da kamen mir schon die Tränen, wenn ich überhaupt daran gedacht habe.
In meinem Bauch fühlt es sich ganz traurig an. Andererseits habe ich den Körperkontakt, von männlicher Seite Nähe zu bekommen, sehr gebraucht.
Ich fühlte mich abhängig, was die Verhaltensstrukturen anging und welche Sachen was ausgelöst haben. Und wie ich manche Dinge kombinieren musste, um im „normalen Leben" noch etwas klarzukommen.
Ein kleines Doppelleben, das ich führen wollte. Aber es war erst mal nur meins. Meine Sache, die ich mir selber ausgesucht habe.
Von fast allen Männern habe ich zu hören bekommen: „Hier gehörst du nicht hin." Schon wieder so eine Art Ablehnung, aber auch gut, um zu merken, ich bin für andere Dinge in der Welt bestimmt. Vielleicht eher zum Bücherschreiben.

16. November 2016

Mir kommt mittlerweile alles so unwirklich vor. Na ja, mein Bekannter meinte, ich solle ihm nicht die Ohren vollheulen, wenn ich Nutte war. Das vergesse ich am besten alles. Das ist besser so. So als hätte ich das nie getan. Es war auch nicht schlimm.
Ich fühle mich zäh … wie ein Kaugummi!

Als ich in der Zeit darüber geschrieben habe, wollte ich wie meistens, nur das sehen, was ich gerade sehen will und ich bin blind für das, was eigentlich mit mir passiert.

3. Dezember 2016

Ich hatte mich noch mal mit dem letzten Freier getroffen, den ich eigentlich so nett fand. Jedenfalls bin ich vor der Arbeit zu ihm. Zu der Zeit habe ich einen Job in der Gastronomie gehabt. Er hat mir 50 Euro gegeben und etwas Kleingeld. Es fühlt sich alles so trügerisch falsch an, was ich tue.

Er kann tun, was er will mit mir. Ob es wehtut oder ich eigentlich noch gar nicht so viele Erfahrungen habe, interessiert ihn gar nicht.
Er hat seinen Schwanz in meinen Arsch gesteckt. Ich hatte noch nie Analverkehr. Er nennt mich Schlampe, wenn ich für ihn die Beine spreize. Und Kondome will er auch nicht mehr.
Er wollte Bilder von meinen Brüsten machen. Das wollte ich aber nicht, weil Bilder überall landen können. Schon abartig pervers. Meinen Namen kann er sich auch nicht merken, beziehungsweise

weiß er ihn nicht mehr. Für ihn heiße ich Lisa. Aber so, vielleicht will ich gerade auch Grenzen kennenlernen, aber ich finde keine Grenzen!
Wir hatten Sex. Er hat in mir abgespritzt. Ich habe puren Ekel empfunden, sein Erbgut in meinem Körper zu haben.
Ich brauchte Alkohol. Wir hatten zusammen Schnaps bei ihm getrunken.
Und bevor ich zu ihm gegangen bin, habe ich schon Bier getrunken. Ich bin so zerrissen innerlich.

25. November 2016

Wer bin ich?
Wo gehöre ich hin?
Hat mich jemand lieb?
Ich bin traurig!
Ich habe Angst!
Ich habe Zweifel!

Freitag, 6. Januar 2017

So … wie möchte ich das neue Jahr eigentlich begrüßen?
Der Start in dieses Jahr war ein wenig holprig! Ich fühle mich furchtbar depressiv. Mich kotzt das so an, immer wieder gerate ich in solche Krisen. Ich habe Angst, bin immer traurig und habe keinen Bock auf nichts.
Ich bin so wütend auf meine Pflegeeltern! Ich tue jede Menge, um den scheiß Depressionen vorzubeugen. Aber eins, da komm ich nicht gegen an. Es ist mein zerstörtes Selbstwertgefühl. Es ist immer ein Stückchen mehr zerbrochen, als mir das Gefühl gegeben wurde – abgelehnt zu sein. Als Grenzen maßlos überschritten worden sind. Als körperlich Grenzen missachtet worden sind. Mein Bedürfnis nach Zuwendung nicht erwidert wurde. Als ich als Kind geschlagen wurde. In den Momenten, wo mir gesagt worden ist, wie fett und hässlich ich doch sei. In

dem Moment, wo meine Mama tot war. Die Erniedrigung durch andere Menschen. Wo mir gesagt worden ist, wie dumm ich doch sei und doch eh nichts könne.

Was, verdammt noch mal, ist so falsch an mir?

Januar 2017 - anderer Ort - anderer Puff

Erfahrungen, die ich an einem anderen Ort gesammelt habe. Es fällt mir gerade gar nicht so leicht, das alles noch mal ordentlich aufzuschreiben. Meine Erinnerungen sind da ziemlich durcheinandergeraten und ich steige gerade nur mühevoll durch die Aufzeichnungen in meinem anderen Tagebuch durch.

Also, wie ich mich halt noch lange mit dem Thema Prostitution beschäftigt habe, wollte ich noch weitermachen. Allerdings auf keinen Fall in meinem Wohnort. Das war mir zu riskant. Woanders. Ja das ginge.

Die Erfahrungen, die ich sammel, die können dann dort bleiben. Und die Ängste und alles, was ich halt nicht mit nach Hause nehmen möchte. Ich kann mich noch an einen Gedanken erinnern, den ich zwischendurch hatte:

- Ich habe meine Tage bekommen. Manche Männer finden es ekelig, wenn Frauen ihre Tage haben. Ich wollte den Männern auch mal wehtun.

Also, es müsste wahrheitsgemäß am Dienstag, den 17.01.2017, gewesen sein, wo ich dort hingefahren bin, um meinen Job zu machen. Doch ich wollte das vernünftig planen und war am Montag noch mit vielen Telefonaten und solchen Sachen beschäftigt.
Ich weiß noch, dass alles in mir schon dazu drängte, es noch mal zu tun. Mich noch weiter in diese Ängste zu stürzen.

Am Dienstagmorgen wachte ich auf, mit starken Unterleibsschmerzen. Habe den ganzen Tag nichts hinbekommen. Aber jedenfalls wollte ich Nutte sein.
Bevor ich am Abend losfuhr, nahm ich mir Klingen und verletzte mich an den Armen. Besser ist das! Dachte ich so vor mich hin. Mein Körper ist für mich da,

wenn es schon sonst niemand ist und ich von allen immer verlassen werde. Mein Arm, mein bester Freund. Der musste schon einiges an Verletzungen aushalten.

Das was ich mir im Internet herausgesucht habe, war wie ein Rätsel für mich. Da stand ich nun am Bahnhof und fuhr weiter in die richtige Richtung und musste mich erst einmal durchfragen. Ich hatte mich die ganze Zeit verlaufen. So bin ich halt meistens. Planlos verpeilt!
Leicht hilflos wollte ich aber unbedingt mein Ziel erreichen. Ich habe ganz viele Leute gefragt, wie ich in die besagte Straße gelange. Irgendwann habe ich einen Typen gefunden, der wusste, wo das war und bot mir an, mich dort hinzubringen. Doch auch er wollte die ganze Zeit Sex.
Es hat mich erst etwas irritiert, aber egal. Er hat mich gefragt, warum ich das mache. Gelogenerweise sagte ich: „Ich habe kein Zuhause, wohne draußen und brau-

che das Geld für Drogen!"
Seine Antwort zu mir hieß: „Oh, Scheiße, solchen Leuten begegne ich immer wieder, wenn du willst, dann kannst du bei mir wohnen."
Aber er wollte nur ficken und meinte, mich überreden zu müssen. Er ging mit mir in die Ecke. Ich sollte seinen Schwanz doch bitte in den Mund nehmen und ihm einen blasen.
Ich meinte, ich habe meine Tage und es geht nur mit Kondom. Es war beides okay für ihn. Meinen Tampon zog ich mir heraus und warf ihn in die Ecke. Schnelle Nummer. Aber es hat sich schon fast toll angefühlt.
Außerdem stellte er mir die Frage: „Sach mal, spürst du überhaupt etwas beim Sex?"
Vor Irritation erwiderte ich: „Keine Ahnung, nein?" Ich war überfordert, ihm zu erklären, was so in mir vorgeht.
Er gab mir seine Nummer. Ein kleines: „Ich mach mir Sorgen um dich!"

Immer wieder Bestätigung darin zu bekommen, kein Selbstwertgefühl mehr zu haben und echt einfach alles mit sich machen zu lassen.

Nachdem es geklärt war, wo ich hin muss, tauchte ein Problem auf. Im ersten Bordell hatte ich mich vorher angemeldet. Als ich langsam die Tür aufschob, sah ich viele andere Mädchen, Frauen, so wie ich. Ich war falsch angezogen. Die Frau sah mich an, als wäre ich ein Marsmensch: „Schau mal, mit solchen Sachen kannst du hier nichts erreichen. Das sind Winterschuhe. Du brauchst Stiefel."

Aus dem Hinterhalt drang eine Stimme: „Du, ich kann dir ein Kleid ausborgen."

Es erledigte sich wie von selbst. Mit einem abwinkenden Blick schaute die Frau zur Tür. Das wollte ich mir so aber nicht gefallen lassen. Aus Versehen unbedacht: „Ey, ich kann auch mein Oberteil ausziehen und mich hier im BH hinsetzen."

Das fand die Frau gar nicht lustig. Ich

verschwand recht flink. Nach meiner Kenntnis war das nächste Bordell drei Häuser weiter. Dort ging ich unverhofft hinein. Eine Frau saß dort. Nicht viel los. Ich fragte: „Kann ich hier arbeiten?“
Eine ältere Dame hinterm Tresen: „Ja“ nickend. Es war okay.
So verbrachte ich hier meine Nacht. Tatsächlich hatte ich sogar Kunden. Das war meine größte Angst, keinen Mann abzubekommen.
Der erste wollte erst gar nicht so recht. Und irgendwann sind wir dann doch gemeinsam auf das Zimmer gegangen. Er hat mir 10 Euro gegeben. Einfach so. Dann habe ich 50 Euro bekommen. Wir hatten Sex. Er ist gekommen. Und denkste, von den Typen bekommt man keinen Cent mehr, egal wie gut man war. Stattdessen hat sein Bart die ganze Zeit in meinem Gesicht gekratzt.
Er wollte unbedingt Analsex, aber das wollte ich nicht. Einfach so. Ich habe mich viel zu billig verkauft. Das Allerbilligste war 2 Euro für jede Brust. Na

ja, der Typ war zufrieden. Ich kann mich allerdings nicht mehr wirklich an ihn erinnern. Nur vielleicht?
Eigentlich habe ich Männer gesucht, die ich schlagen kann. Aber irgendwie nicht die richtigen gefunden.
Und dann in der Bar war irgendwann so ein scheiß Typ. Erst war der voll okay. Hätte ihn vielleicht sogar mit aufs Zimmer kriegen können. Aber die andere Nutte, Kristin, hat sich dem voll aufgedrängt. Ich glaube, ich habe ihr gute Konkurrenz gemacht. Aber sie war so besoffen. Das geht doch gar nicht.

Meine Erinnerungen sind voll blass. Auch an das, was ich aus meinem Tagebuch übertrage, erinnere ich mich nur sehr wenig. Ich habe schon, bevor ich mit den Männern aufs Zimmer gegangen bin, meist vergessen, was ich überhaupt tat.
Erst waren die Gesichter und die Männer noch da, sobald ich allerdings mit denen fertig war, vergaß ich schon das meiste.

Dabei hatte ich mir fest vorgenommen, es nicht zu vergessen. Ich wollte es gar nicht verdrängen, weil ich es sonst wie einen Kontrollverlust erleben würde. Ohnmächtig werden.

In der Nacht sind noch weitere Männer dort gewesen.
Einen habe ich echt noch mit aufs Zimmer genommen. Jung war er. Und nett. Wir haben geredet und dann habe ich 40 Euro bekommen und wir schliefen miteinander. Ich kann mich an ihn noch ziemlich gut erinnern. Er konnte nicht wirklich gut Deutsch, aber das störte mich nicht weiter.
Wir lagen quer auf dem Bett. Und er lag auf mir. Der Sex war toll. Ich mochte ihn sehr. Ich hätte ihn gerne als Freund gehabt. Er war 19, soweit ich weiß.
So ging die Nacht zu Ende und ich fand Gefallen daran, was ich tat.
Die Bar hat um 3:00 Uhr geschlossen und dann waren die Freier, den ich zuletzt hatte mit seinem Begleiter, noch da.

Sie boten mir an, mich mitzunehmen. Ich lehnte es ab, da ich lieber nach Hause wollte. Ich wollte nicht mit zu denen nach Hause. Ich kenn die doch überhaupt nicht.
Ich bat darum: „Könnt ihr mich bitte am Bahnhof gehen lassen?“ Aber die beiden bestanden darauf, dass ich mitkomme. So wurde in eine einfache Nacht mit Sex auch noch eine Entführung eingebaut. Das gehörte definitiv nicht mit zu meinen Plänen.
Der Gedanke daran, im Nachhinein anderen erzählen zu können, dass ich schon mal entführt wurde, ließ das Adrenalin nur so durch meinen Körper strömen.

Ich hätte auch Escortsachen anbieten können. Da geht man auch zu seinen Freiern nach Hause. So viel Angst hatte ich nicht mal. Es ging. Ich wusste nur nicht, wohin ich eigentlich mitgenommen werde. Also überlegte ich mir während der Fahrt schon lauter Fluchtpläne und Dinge, wie mir am besten nichts

passiert.
Aber es war eine ganz lustige Nacht. Bei den beiden zu Haus waren noch andere und ich habe mich echt wohlgefühlt.
Wir haben noch etwas Alkohol getrunken. Und den Freier, den ich hatte, wir waren später in seinem Zimmer gewesen.
Es fühlte sich zwar immer noch sehr leer in mir an, aber es hat geholfen, dass ich bei ihm mit im Bett schlafen durfte. Und ich hatte solche Unterleibschmerzen. Es tat furchtbar weh und es hielt mich schon ziemlich wach.
Schlafen konnte ich nicht sonderlich gut. Albträume und Ängste verfolgten mich. Ganz viele Unsicherheiten, die da waren.

Früh am Morgen habe ich erst mal 5 Schmerztabletten eingenommen, in der Hoffnung, den körperlichen sowie inneren Schmerz betäuben zu können. Mir wurde von denen angeboten, mich nach Hause zu bringen.
Ich bekam Frühstück, obwohl mir ziem-

lich schlecht war, aber ich fühlte mich wohl dort.
Wenn ich nicht diesen einen Termin zu Hause gehabt hätte, wäre ich am liebsten für immer dort geblieben. Aber ich wurde nach Hause gebracht. Bis zum Bahnhof. Ich habe noch Zigaretten bekommen und wollte noch Geld haben. 20 Euro bekam ich noch.

Auf dem Nachhauseweg überkam mich dieses Gefühl. Ich fühlte mich so unendlich billig. Ich bereute mein Tun, konnte aber nicht aussteigen, da mich mein Inneres drängte, es noch mal zu tun.
Als ich an dem Tag nach Hause lief, fühlte ich noch seinen Körper. Dass er nett zu mir war und dass ich gerne jemanden als Freund gehabt hätte.
Die Gerüche klebten auch noch sehr an mir und ich habe mich erst mal gewaschen und später alles aufgeräumt.
Ich fühlte mich so unendlich müde! Nichts weiter außer sehr müde und leer und total verschmerzt in Körper und

Seele.
Angst konnte ich schon gar nicht mehr fühlen. Dazu war ich zu schwach.
Traurigkeit füllte mich von innen ganz gut aus, weil ich gerne meine Mama bei mir gehabt hätte. Eine Person, die mir Grenzen setzen könnte, damit man nicht erst solche Erfahrungen machen muss. So kamen mir noch weitere Gedanken, die mich dazu brachten, damit weiterzumachen:

- Meine Mama ist tot, Männer kann ich so viele haben, wie ich will!
- Ich muss meinen Fehler wiedergutmachen, um mich nicht mehr so billig zu fühlen!

Ich meine, dass ich am Donnerstag in der Woche noch einmal losfuhr. Am 19. Januar 2017. Ein weiteres Mal.
Mir fehlen da die Erinnerungen, aber ich schrieb: „Ich rieche total nach ihm. Irgendwie habe ich seinen Geruch mit

nach Hause genommen."
Alles fing erneut damit an, dass ich meinen Fehler von Dienstag wieder gutmachen wollte. Ich wollte mich teurer verkaufen, damit ich mich nicht mehr so billig fühlen muss.
Na ja, ich habs nur tausendmal schlimmer gemacht. Eigentlich ist es die ganze Sache nicht wert. Ein wenig weiß ich noch. Ich kann mich noch an die Zugfahrt erinnern. Ich habe zum Stressabbau die ganze Zeit Musik gehört. Ich trug meine zurechtgesuchten Strapssachen und malte meine Lippen mit dem knallroten Lippenstift an, den mir meine Mutter früher als Kind zu Fasching geschenkt hatte. So fühlte ich mich toll.
Zwar umgab mich dieser Schleier von Unsicherheit, da ich mich innerlich eher wie 12 gefühlt habe.
Jedenfalls lief ich angespannt und doch noch sehr aufgeregt durch die Straßen. Ich wollte etwas früher dort ankommen. Diesmal war ich schon um 20:00 Uhr da. Eine lange Nacht. Ich hatte den ganzen

Tag vorher, denke ich, noch mal getrunken. An dem Tag hatte ich wieder Tabletten eingenommen. Und sehr viel Kaffee.
Vielleicht hatte ich mich auch wieder geritzt, das weiß ich alles nicht mehr so genau.
Es hat gedauert, bis ich überhaupt mal im Bordell ankam. Ich war mit den anderen Frauen dort. Wir hatten Zeit, uns zu unterhalten und quatschten viel.

In meinem Kopf ging nur umher: „Bitte lass jemanden auftauchen, der mich packt und nimmt." Der Gedanke war kaum aushaltbar, zu wissen, ich wäre umsonst hergefahren. So hoffte ich, dass ich diese Nacht zumindest noch einen Freier abbekomme. Es wäre die totale Zerstörung gewesen, wenn ich niemanden gehabt hätte.
Ich war so abhängig von Anerkennung, Bestätigung, Grenzen rausfinden und die ganze Zeit mich so krass abwerten zu lassen, dass ich all die Männer brauchte.

Ich brauchte die Kerle, um mein Sein zu zerstören. Es ist schon alles so normal für mich gewesen, dass es mir wie ein echtes Rätsel ist, wie ich jemals wieder damit aufhören soll?

Später, so um 0:30 Uhr, waren endlich zwei Männer da. Den einen hätte ich töten können. Der hat die ganze Zeit an diesem Spielautomaten verbracht. Er hätte mich auch nehmen können.
Dann war da aber noch ein anderer Typ. Den wollte ich eigentlich aufs Zimmer bekommen. Aber selbst als Nutte ist es manchmal schwierig und man steht im blöden Konkurrenzkampf.

Die eine Kollegin hat sich den Kerl geschnappt. Na ja, ich habe den Typen die ganze Zeit förmlich angestarrt. Vielleicht habe ich ihn auch neugierig gemacht?

Irgendwann ist er aufgestanden, um zur Toilette zu gehen. Er zwinkerte mir zu und sagte: „I love you!“.

Ich dachte nur an Beleidigungen und wertete ihn in meinem Kopf ab. So wie ich es mit allen Männern tat.
Ich dachte nur: „Fick dich, du Wixer, sagst zu mir, wie toll ich doch bin. Hast aber anscheinend keine Eier in der Hose, um mich durchzuficken!“ So ein Weichei.

Aber dann ist da noch ein anderer Typ reingekommen, dessen Geruch immer noch an mir klebt, als läge er noch immer auf mir drauf. Er fragte mich, wie viel ich nehmen würde.
Ich: „Über 100 Euro.“
Er wollte nur 50 Euro ohne Gummi. Geeinigt haben wir uns auf 70, ohne Gummi, auch wenn ich das nicht wollte. Ist dann halt so.

An meinem Preis habe ich nicht so viel geändert. Ich bin so billig.
Der Typ war mit mir auf einem Zimmer. Wenn ich ehrlich bin, ja, dann hatte ich Angst! Aber es ging so schnell. Wir ha-

ben uns ausgezogen. Er machte mich darauf aufmerksam, wie toll sein Schwanz doch sei. Ja, schon klar, ey. Erst mit gespreizten Beinen. Er hat ihn einfach so reingesteckt.
Meinte: „Ich bin gesund.“
Ich sagte: „Ich kann auch schwanger werden.“
Er: „Ne, ne, wenn ich spritze, ziehe ich ihn raus.“
Er fand mich toll. Na ja, er probierte verschiedene Stellungen mit mir aus. Erst so, dann so. Und ich hatte die ganze Zeit solche Unterleibschmerzen.
Er hat meinen Kopf einfach so genommen und ich sollte ihm einen blasen. Boah, ey, diese Schmerzen, ey!
Und dann noch mal, dass er meinen Arsch sehen konnte und andersrum und dann wieder auf den Rücken, und dann ist er auch schon gekommen.
Er war zufrieden. Und dann wollte er, dass ich auch noch komme. Ich sollte meine Beine einfach gerade nebeneinander hinlegen. Er spritzte auf meinen

Körper ab.
Ich empfand so einen Ekel, was er mir antat. Oder ich mir selbst.

Ich kann mich an den Typen nicht erinnern. Es ist weg. Es war gut, dass ich alles direkt nach den Ereignissen aufgeschrieben habe, aber während ich die Sachen tat, habe ich das meiste sofort vergessen.
Was ich allerdings noch weiß, ist, dass ich in der Nacht wieder zurück ins Bordell gegangen bin. Ich hätte mich am liebsten zu Tode gesoffen. 20 Euro musste ich noch für das Zimmer geben.

Um 2:30 Uhr nachts hatte die Bar geschlossen, weil die anderen keine Lust mehr hatten, zu warten. Auf Männer, die nicht mehr kommen.

In dieser Nacht habe ich so viel nachgedacht. Man könnte mich auch einfach in eine Glasvitrine stellen und überall Geldscheine an meinem Körper kleben.

Es interessiert sich niemand so richtig für mich. Da kann ich noch so niedlich sein, ich werde nicht geliebt. Und aufpassen muss ich auf mich selber. Das tut da keiner für mich. Nicht so wie in dem Puff in meinem Wohnort.
Aber ich fühle mich selbstbewusst, wenn ich das tue. Ich habe die Männer in der Hand, nicht die mich. Aber letztlich habe ich schon verloren, wenn ein Freier mit mir aufs Zimmer geht.

Ich habe bestimmt täglich meine Zahnbürste gewechselt, weil ich einen Komplex entwickelt habe, dass ich nicht alle Bakterien von jedem einzelnen Mann in meinem Mund haben wollte. Mein Mund hat sich am meisten ekelig angefühlt.

In der Nacht hatte ich Angst. Ich lief 4/5 km zum Bahnhof und hatte echte Wahnzustände. Angst, verfolgt zu werden und Sonstiges. Ich nahm die an mir klebenden Gerüche wahr. Meine Identität war verkauft.

Manchen Kerlen verriet ich meinen Namen, schlief mit ihnen und nahm das Geld.

Aus kindlichem Trotz heraus dachte ich: „Ich will alle Männer auf der Welt haben.“ Ohne nur einen Funken realistischen Verstand dabei zu besitzen.

Der Größenwahnsinn überfiel mich. Meine Wahrnehmung verzerrte sich unbewusst. Am Bahnhof dachte ich: „Ich kann meine Mama nicht ersetzen.“

Tränenüberströmt stand ich plötzlich da. Und dann hatte ich das Gefühl, wenn ich anfange, darüber zu reden, dass mir die Erlebnisse geklaut werden. Mir tut es nicht so gut, weil ich billig bin und dann vielleicht doch bald Drogen brauche, um so viel Billigkeit aushalten zu können. Es schadet mir, sobald ich weg bin. Aber sobald ich weg bin, fehlen mir die Männer. Ich brauche mehr. Mehr Freier pro Nacht.

Ich bin so durcheinander.

Als ich im Zug saß, träumte ich gedankenverloren vor mich hin. Traurig, leer.

Versunken in Selbstmitleid.
Durch die Straßen zurückgelaufen. Ich starrte alles Mögliche an.
Und war so voll mit dem Nuttenkram.
Seit Wochen hatte ich echt nicht mehr viel gegessen, aber ich hatte auch keinen Hunger. Da passte nichts in mich hinein.
Und ich hatte meistens eh nur die Schwänze in meinem Mund. Die Bilder, wie gewaltsam die Kerle meinen Kopf nahmen und ich ihnen einen blasen sollte.
Ich hatte schon gar kein richtiges Empfinden mehr von dem, was ich eigentlich fühlen sollte.
Ich ging tagsüber meinen Verpflichtungen nach und regelte meinen Alltag. Nachts wurde ich selbstbewusst.
Ich lebte im Chaos.
Das zu tun, was alle von mir wollen, darin bin ich sehr brillant.
Zu wissen, was ich bin und was ich will – darin bin ich ein echter Versager.
In einer ziemlich vertrauten Welt tauchte ich ein. Emotional kam ich mir schon

gleichgültig vor. Unberechenbar in mir selbst. Verschwunden in mir selbst.

Wer bin ich?
Was bedeutet ich sein?
Wo bin ich?
Wo gehöre ich hin?

Ich bin zu traurig, um Suizid begehen zu können, dafür leide ich zu gerne, als dass ich es wagen würde, mir mein Leben zu nehmen.
Mir geht es gut, ich bin glücklich.

An dem Tag nachdem ich im Puff war, spielte ich mein Schauspiel. Wollte nichts essen, fühlte mich aber okay.
Dachte an viel Alkohol und so weiter, aber war auch froh, wenn ich mal Ruhe hatte.
Ich war so müde von dem bisschen. Ich wollte aber noch weiter abstürzen. Ich dachte: Wie wäre es, wenn ich besinnungslos besoffen bin oder doch mal Drogen ausprobiere?“

Ich tat nichts von beidem. Nur die Klingen, die brauchte ich.
Sprachlos. So fühlte ich mich auch. Keine Worte konnten beschrieben, wie es mir innerlich ging.

Ich kaufte später ein wenig Alkohol. Etwas Bier für ein paar Tage.
Am Abend wollte ich nicht schlafen. Ich hatte so eine Nervosität in meinem Bauch. Losziehen, um Nutte zu sein, wollte ich aber auch nicht.
Also vertagte ich mein Vorhaben auf Samstag. Da wollte ich es noch mal machen.
Ich freute mich komischerweise darauf, obwohl alle Gedanken schon so verdreht waren, dass es mir schwerfiel, noch irgendeine Klarheit zu finden.

Samstag, 21. Januar 2017

Bin leer so wie immer aufgewacht. Müde und zerrissen. Aber es besserte sich im Verlauf des Tages.
Ich weiß nicht mehr, was ich an dem Tag getan habe. Ich habe morgens angefangen zu trinken. Und wahllos irgendwelche Pillen zu schlucken. Meine übliche Dosis von 10 verschiedenen Pillen. Aber es ging alles.
An dem Tag hatte ich einen bestimmten Gedanken: „Ich kann mich heute nicht zudröhnen. Was ist, wenn mir etwas passiert. Da muss ich klar im Kopf sein, dass ich mich wehren kann!"
Ich muss es tun, wenn ich keine Angst mehr haben will.

Am Abend machte ich mich früher auf den Weg. Am Wochenende sollte man bessere Chancen haben, was die Männer angeht.
Ich suchte mir eine Zugverbindung.

Konnte kaum atmen, wegen zu hoher Anspannung. Alles gleichzeitig in meinem Kopf.
Ich war trotzig.
Meine Mama ist tot, ich will sie bei mir haben und es geht nicht.
Und jetzt will ich alle Männer auf der ganzen Welt haben. – Alle – !

Ich ging in die Bar. Das Musikhören auf dem Weg dorthin half nicht so viel wie sonst. Ich zitterte schon ziemlich und wollte nicht. Eigentlich nicht.
Mir war so ein unangenehmes Gefühl im Bauch, dass es heute schiefgeht. Aber nein! So leugnete ich schon wieder mein Gefühl. Mir passiert nichts. Ich muss es tun. So viele Ambivalenzen, die in mir vorgingen. Meine gesamten Gründe, weswegen ich überhaupt damit angefangen hatte, waren recht irrelevant. Ich wollte keine Angst mehr haben, und es war, als hätte ich gar keine Chance gehabt, mich gegen mich selber zu wehren. Ich wollte keine Angst mehr haben.

Als ich die Bar betrat, war alles wie immer. Uff, einmal durchatmen und warten, bis die Freier kommen.
Es war das 3. Mal in der Woche. Die Woche war anstrengend. So wie das nächtelange Wachbleiben.
4 Freier hatte ich in dieser Nacht. Frieda war die Nacht in der Bar. Sie war eine lustige Thekenkraft. Ganz locker drauf und der Abend gefiel mir auch mit den anderen Frauen zusammen.

Der 1. Freier, den ich hatte, der war mit zwei Freunden da. Ich habe den im Pulli genommen, der andere ging zu einer anderen Frau. So kam jeder zu seinem Recht. Ich erinnere mich nicht wirklich an etwas. Ich weiß nicht, ob ich Geld bekam. Ganz normaler Sex. Anziehen und tschüss. Weg aus meinem Gedächtnis ist es trotzdem so halb.
Er war sehr nett. 50 Euro für eine halbe Stunde mit Kondom.

Danach hatte ich noch einen Freier. Es

gab die übliche Diskussion, nur mit Gummi. Er wollte keins, aber ich. Er war total verschwitzt. Aber es war auch nicht weiter dramatisch, was an Sex passiert ist. Es war okay. Ich konnte es verkraften, auch wenn es direkt schon währenddessen verschwand.

An die letzten beiden allerdings erinnere ich mich sehr genau. Und das waren schon die, die mir auf eine Art wehtaten, wie es vorher noch nicht passiert war. Vielleicht war das andere einfach zu langweilig für mich, dass ich es so schnell vergaß?
Der 3. Freier war schon ein leichter Psychopath. Er manipulierte mich in gewisser Weise mit Druckausübung. Er war kein sonderlich gefährlicher Mann, aber trotzdem war Vorsicht geboten.
Ich hatte Angst. Jede Menge Angst. Und diese blöden Unterleibschmerzen.
Der Kerl, der mit mir einmal aufs Zimmer gegangen war.
Aber halt, stopp. Zeit zurückdrehen.

Vorher. Wir waren als Frauen zusammen noch in der Bar. Dort hinten, da stand ein etwas kräftig aussehender Mann. Schwarze, kurze Haare. Nicht sehr groß.

Er zwinkerte mir schon zu. Wollte mich auch nehmen, bevor ich mit Freier Nummer 3 im Zimmer verschwand. Der andere ging in der Zeit noch mal weg. Wir hatten einen Termin vereinbart. In einer Stunde. Da wollte er mich nehmen.

Der Typ, den ich aber gerade hatte, machte mir so leicht Druck, indem er an mir klammerte. Er flehte mich förmlich an, mit mir Analsex zu haben.
„Nein", gab ich ihm als Antwort. Ich fand ihn widerlich, ekelerregend und absurd, pervers.
Ich war froh, als ich mit ihm fertig war. Wir gingen aus dem Zimmer, im Schatten der Dunkelheit. Gingen zurück in die Bar.
Ich fühlte mich selbstbewusst, als ich die Türen von dem Haus mit den Zimmern

zu- oder aufschließen konnte.

In der Bar saßen wir noch. Und der Freier, der eben mit mir geschlafen hatte, hatte weitere Wünsche, aber ich wollte das nicht. Er wollte, dass ich ihm in den Mund pinkeln sollte. Er fände es sehr erregend, sagte er mir später.
Da hört der Spaß bei mir auf, weil es für ihn doch nichts Schönes sein kann. Das stelle ich mir schlimm für vor. Ich hätte es tun können, aber das ist nicht mehr okay.
So etwas Absurdes. Also Pipi machen an sich ist ja biologisch korrekt okay, aber nicht so.

Jedenfalls bekam ich Getränke spendiert, was mir später als Lohn ausgezahlt wurde. So die Hälfte von den Preisen.

Mittlerweile war auch die Barbesitzerin da. Ich konnte sie nicht wirklich ausstehen. So gemein, wie sie war. Der Mann klebte an mir wie eine Klette. Die ganze

Zeit wollte er weiter Sex mit mir haben. Ich war überfordert, mich abzugrenzen, bis die Barbesitzerin laut wurde: „Hörst du nicht? Sie will das nicht, also geh und lass sie in Ruhe!“
Ihre lauten Worte erschreckten mich fast zu Tode. Innerlich halte ich mir immer die Ohren zu, wenn Stimmen lauter werden. Das macht mir Angst.

Was mir einfällt, ich trug einen Verband, da ich mich zu Hause verletzt hatte und für unterwegs auch noch Klingen eingepackt hatte. Nur zur Sicherheit, falls ich sie noch mal benötigen sollte.
Und so wie es bei eigentlich allen Gästen war, sagten mir alle: „Warum tust du das? Du bist so hübsch, mach das nie wieder.“
Ich dachte mir meinen Teil dazu: „Ja, schon klar, ich bin schon zerstört und ihr helft mir gerade noch dabei, mein Sein in Trümmer zu reißen. Ihr habt echt keine Ahnung.“
Aber irgendwie tröstet es mich auch ein

bisschen, wenn die Männer es nicht wollten, dass ich mich verletzte.

Zurück zum Eingemachten. Der letzte Freier, den ich hatte, der mir zum absoluten Verhängnis wurde. Es war der reinste Horror, was ich erlebte. Wir waren zusammen in der Bar. Ich war eigentlich schon fertig mit den Nerven, aber ich hatte schon fast keine Wahl mehr. Ich wollte nicht, obwohl ich es wollte.
Ich habe noch mal nach dem Schlüssel gefragt und Frieda und die andere Frau meinten: „Nicht ohne Gummi."
Und sie gaben mir im Zuge dessen noch welche mit.
Die beiden hatten mir auch schon das Geld von dem Freier gegeben, was ich auch schon eingepackt hatte, als die Barbesitzerin herausfand, dass es Falschgeld war.
Die gesamten Geldscheine, alles Falschgeld.
Ich gab es zurück. Ich hatte es auch

schon zerrissen, hab aber ein Schnipsel aufgehoben.
Er legte noch mehr Geld auf den Tisch. Es hätte klar sein müssen, dass ich hätte nicht mit ihm aufs Zimmer gehen müssen. So, wie ich mich tatsächlich daran erinnere, bin ich mit ihm rausgegangen.

„Wie heißt du?", fragte er ruhig.
Spontan sagte ich: „Emely." Ich wusste, dass der mir Falschgeld gegeben hat und ich bin trotzdem mit ihm aufs Zimmer gegangen.
Draußen schloss ich die Türen auf. Wir gingen in den Raum hinten rechts. Ich spürte leichte Angst. Und in meinem Kopf schwirrte umher: „Es gibt kein Zurück mehr!"
Ich zog die Tür hinter mir zu. Im Zimmer mit vielen vergessenen Männern.

Wir zogen uns aus. Ich zitterte am ganzen Körper. Wie bei jedem verspannte sich mein Körper.
Viel Zeit zum Nachdenken blieb aber

nicht. Er stellte sich hinter mich. Er packte mich brutal an den Oberarmen, sodass ich Schmerz empfand, wie er mich anfasste.

Er wollte Analsex. Seinen Schwanz steckte er auch schon in mich rein. Ich tat nichts. Ich konnte auch nichts tun. Wir waren an der Wand.

Tagebucheintrag 22. Januar 2017

Er hat seinen absurden Schwanz genommen und mir in den Arsch gesteckt. Dann hat er mich unsanft angefasst. Mich genommen, an die Wand gepresst und wir hatten Analsex.
Ich hasse diesen Wixer so unendlich doll.
Im Bett lag er auf mir drauf, mit seinem fetten Bauch. Haare am ganzen Körper. Er wollte auch ohne Gummi, aber nein. Im Bett hat er mir die ganze Zeit seinen Schwanz in den Arsch gesteckt. Verschiedene Stellungen und boah, dieser Schmerz.
Ein so doller Schmerz, ich habe eigentlich die ganze Zeit meine Zähne zusammengebissen. Aber ich habe einfach, so laut ich konnte, aufgeschrien. Es tat so verdammt weh.
Und dann hatte ich wieder so doll Angst.

Ich wollte nicht mehr von ihm angefasst werden. Er hat mir so unglaublich dolle Schmerzen bereitet. Und dann diese Äußerungen, wie toll man doch sei und was für eine hübsche Frau ich doch wäre.

Ich wusste, ich kann aufhören, denn er hat mir doll genug wehgetan.
Wir zogen uns aus. Ich stand am ganzen Körper zittrig da. Angst umgab mich und er war brutal. Er stand hinter mir und packte mich an meinen Oberarmen, sodass ich Schmerz empfand. Er fing an mit Analsex. Ich erschrak schon im ersten Moment, da es mir mega unangenehm war.

Wir standen im Raum. Er hinter mir, er bat mich, zur Wand bei der Tür zu gehen. Oder vielmehr gesagt, zog er mich dorthin und presste mich gegen die Wand.
Ich hatte solche Angst. Der Horror hatte angefangen. Es war mitten in der Nacht und er war so aufgegeilt. Er zog seinen

Schwanz auch irgendwann aus mir heraus. Wir gingen zum Bett. Er packte meinen Kopf und steckte seinen Penis in meinen Mund.
Ekel überkam mich schon wieder. Ich sabberte, um seine Spermien aus meinem Mund zu bekommen, um es nicht zu schlucken.
Er packte mich noch mal von hinten und steckte seinen Schwanz noch mal in meinen Arsch. Er befriedigte sich an mir und er bereitete mir solche Schmerzen. In einem Moment durchzog mich so ein wahnsinnig heftiger Schmerz.

Ich erschrak, war schockiert, drehte mich blitzschnell um und schrie ihn an: „Fass mich nicht mehr an!“
Ich krabbelte in die Ecke vom Bett. Ich weinte, fühlte mich innerlich kaputt. Ich zitterte und hatte solche Angst. Ich weiß nicht warum?
Er hat mich gebeten, noch weiterzumachen. Ich wollte nicht. Mir war kalt. Er brachte mich dazu, mich noch mal auf

den Rücken zu legen.
Er zeigte mit seinen Händen, dass er doch gezahlt hat. So ein Betrüger.

Er machte einfach weiter. Ich träumte, atmete komisch und hoffte, dass es bald vorbei ist. Ich war so weg in dem Moment, bekam aber dennoch mit, was er mit mir tat.

Wir zogen uns an. Ich sah das Messer. Ich erschrak. Ich habe meine Klamotten darübergelegt. Es war nicht sicher bei ihm. Mich überkam ein heftiges Schuldgefühl, weil ich ihm das geklaut habe, was wichtig für ihn war.

Wir gingen zurück in die Bar. Ich habe mich auf einen Stuhl gesetzt. Hatte die Bilder immer noch vor Augen und habe nicht mehr aufgehört, zu zittern. Der Typ ging auch und kam etwas später wieder, da er sein Messer suchte. Ich erschrak noch mal. Ich hatte solche Angst.

Als ich in der Nacht nach Hause gehen wollte, schaute mich die Barbesitzerin an: „Das gefällt mir nicht mit dir! Du hinterlässt die Zimmer nicht so, wie sie sein sollten."
Vielleicht war mir auch schon insgeheim bewusst, dass ich nicht in einen Puff mitten im Rotlichtviertel hingehöre.
Als ich ging, sprach mich noch eine andere Kollegin an. Ich schaute ihr ins Gesicht. Eine farbige Frau mit wunderschönen Gesichtszügen und tollem Haar und riesigen Brüsten.
Sie schaute mich an und wollte wissen: „Wie wars?"
Ich schüttelte schuldig beschämt meinen Kopf, blickte zur Seite und verlegen zu Boden, schaute sie erneut und diesmal grinsend an.
Sie und eine weitere fragten: „Kommst du wieder?"
Ich sagte entschlossen: „Nein!" Und dann ging ich raus.
Sobald die Tür ins Schloss fiel, rannte ich, weil ich dachte, der letzte Freier

wäre noch hier irgendwo.
Ich rannte. Es war 04:00 Uhr nachts oder 5:00 Uhr. An der Haltestelle konnte ich nicht atmen, nichts. Es war so unendlich furchtbar, diese unendlich langen 10 Minuten. Es waren die längsten 10 Minuten meines Lebens. (Seither schaffe ich innerhalb von 10 Minuten sehr viele Sachen.) Das war mir davor noch nie bewusst, wie reich an Qualität diese Zeitspanne sein kann. Ich habe immer nur diese 10 Minuten im Kopf.

In der Straßenbahn saß ich seitlich, sodass ich gerade zur Tür schauen konnte. Niemanden mehr wagte anzuschauen, weil ich im Ernst dachte, die anderen Menschen können das sehen, was ich gerade erlebt habe. Ich hörte Musik und zuckte bei jedem Mann zusammen, den ich sah.

Ich stieg irgendwann aus. Ich rannte aus Panik. So schnell ich konnte. Immer schneller und schneller. So als wenn

innerlich ein Krieg ausgebrochen wäre. Und ich jetzt auf der Flucht bin. Ich rannte bis zum Bahnhof. Irgendwann saß ich fern von anderen Menschen an dem Gleis, das ich nehmen würde. Ich zitterte und leise Tränen liefen mir über die Wangen. Ich konnte mich nicht mehr beruhigen. Ich war so gestresst, dass ich fast gekotzt hätte. Konnte es aber nicht. Ich zitterte einfach weiter.
Wirklich realisiert habe ich es wohl nicht, aber mir schwirrte im Kopf nur das Wort Falschgeldvergewaltigung herum. In meinem Wohnort hatte ich noch immer Angst. Mir tat mein Popo so weh. Verfolgungswahn.

Vergewaltigung fühlt sich an, als hätte man Sex mit einer toten Leiche. Irgendwie ist nichts mehr, wie es mal war. Mein Ich passt nicht mehr zu meiner Persönlichkeit. Einen wichtigen Gedanken, den ich danach immer hatte: „Das war nicht schlimm, eine Vergewaltigung wäre es nur, wenn es schlimmer ist, als das, was passiert ist." Der Machtmissbrauch fängt aber schon früher an. Eine Vergewaltigung ist und bleibt eine Vergewaltigung, egal, wie und wo sie geschieht. Es ist wichtig, dass beide Personen Grenzen kennen und vor allem akzeptieren. Ein Nein ist ein Nein. Dafür braucht es keine Begründung. Ein „Warum denn nicht?" ist kein Freibrief.

Zu Hause angekommen, ging ich duschen. Versuchte verzweifelt, Ruhe zu finden. Am nächsten Tag ging ich arbeiten. Den Parallel-Job, den ich nebenbei auch noch machte. Eine Mitarbeiterin schonte mich für diesen Tag. Ich erzählte ihr ein bisschen, was passiert war. Weil wir uns schon gut verstanden haben.
Zu Hause habe ich das Messer desinfiziert und mich danach am Arm verletzt, weil ich wissen wollte, ob es auch funktioniert. Ich rauchte echt viele Zigaretten danach.

Die Zeit nach dem Puff

So, wie geht es mir jetzt? Das erscheint mir gerade wichtiger zu betrachten, als das, was ich überhaupt erlebt habe. Das ist ein Schritt für mich, um die Sachen noch mal zu verarbeiten. In den Therapien habe ich wenig bis gar nicht darüber geredet. Was soll ich denn auch berichten: „Ey Leute, schaut mal, ich bin eine Hure gewesen?“ Ja echt sehr beeindruckend, dass ich es mir so leicht gemacht habe. Toller würde es sein, wenn ich mal positive Erfolge hätte. Aus der ganzen Sache bin ich mit zwei Geschlechtskrankheiten rausgegangen. Musste operiert werden, so wie früher als Kind und wiederholte vermutlich einiges an Erfahrungen.

Aktueller Stand an Verarbeitungsstrategien:

- Oft frage ich mich: „Wie kann ich meine eigene Sexualität noch toll finden, wenn ich weiß, dass eine Vergewaltigung einen gewissen Schaden bei mir verursacht hat?“
- Es fällt mir schwer, das zu trennen. Unterschiede darin zu machen, ist wichtig.
- Oft fühle ich mich noch so schmutzig und schäme mich.
- Ich kann es gut verdrängt haben, weil direkt nach der Tat dachte ich immer, alle anderen Menschen können sehen, was passiert ist. Stimmt aber nicht. Ich denke, dass ich meine Verletzlichkeit gut eingepackt habe.
- Ängste und Panikattacken waren anfangs in Bezug auf Männer

sehr stark. Mittlerweile kann ich wieder mit denen reden und kann mich anders abgrenzen, als mich hilflos zu fühlen. Ich versuche zu äußern, was in mir vorgeht.

- Ich habe Auswege, wenn ich etwas nicht mehr aushalte. Ich kann mich besser schützen als früher.
- Schamgefühle sind riesengroß.
- Ich kenne solche Emotionen und will mich damit nicht alleine fühlen. Hoffentlich fühlen sich andere auch weniger alleine.
- Nach der Tat, ein paar Monate später, hatte ich extreme Déjà-vu-Erlebnisse. Mittlerweile kann ich einen Tag durchleben, ohne direkt daran zu verzweifeln.
- Starke Suizidgedanken, die ich jetzt nur noch selten habe.
- Ich weiß, ich will leben und kann es auch. Ich befinde mich in einer stabilen Lebensphase.
- Ich wechsle nicht mehr jeden Tag

meine Zahnbürste.

- Ich wohne im betreuten Wohnen
- Albträume treten nur noch selten auf.
- Was mich nervt, ist dieses emotionale Abgestumpftsein. Es ist so überwältigend jeden Tag, wo ich nichts fühle.
- Teilweise habe ich wohl eine Essstörung.
- Ich habe nicht geweint um den Verlust.
- Ich bin weniger wütend.
- Ich bin in tausend Teile zerfallen, als ich vergewaltigt worden bin.
- Zurzeit kann ich gut damit leben.
- Es fällt mir schwer, zu sagen, dass es zu mir gehört. Es zu leugnen, geht einfacher.

Es sind Erfahrungen, die ein Teil von mir sind. Eigenschaften, die mein Handeln beeinflussen können. Es gehört zu mir. Ich kann einiges verstehen und reflektieren. Es ist passiert und es passiert nicht mehr. Ein Restrisiko besteht immer und überall. Da ist es egal, ob ich im Puff arbeite oder gerade draußen bin. Schönreden brauche ich mir das nicht. Was ich aber mitteilen will, ist, dass ich Stück für Stück versuche, es zu verarbeiten. Ich fühle mich oft genug hoffnungslos. Aber wichtig ist für mich, dass ich sehe, was sich alles schon gebessert hat.

Mehr von Julia Zeiss bei DeBehr

Der Tod meiner Mutter riss ein Loch in meine Seele, das nie wieder heilte. Und niemand verstand mich. Seitdem fühlte ich mich als Fehler im System. Ich habe versucht, diesen Verlust auf vielfältige Art zu überwinden. Fast wäre ich dabei selbst gestorben. Die kleine Julia verliert ihre Mutter und gerät in die Mühlen der amtlichen Vormundschaft. Unverstanden von der Pflegefamilie, verlacht von Mitschülern leidet sie still, denn zu trauern bedeutet Ablehnung von denen, die nun ihr neues Zuhause sein sollen. Das Martyrium hält Jahre an. Um den Schmerz zu betäuben, flieht sie eines Tages ins Bordell… Die Autobiografie eines entwurzelten, misshandelten Kindes.

ISBN: 978-3-95753-732-4

Mama gab mir ihre letzten Worte mit auf den Weg: "Es wäre besser gewesen, wenn es dich und deinen Bruder nie gegeben hätte!" So etwas sagten bestimmt nur Mütter, die zu lange an Krebs litten, und nicht, weil sie schlechte Mütter waren, hoffte ich inständig. Und dann war Mama tot. Bald darauf bekam ich genau eine Stunde, um zuhause meinen Koffer mit meinem alten Leben zu packen.

Meine neuen Pflegeeltern waren wenig mitfühlend. Wie der letzte Dreck am Straßenrand, der es nicht einmal wert war, aufgefegt zu werden, so fühlte ich mich jahrelang …

Die kleine Julia ist gerade einmal 11 Jahre alt, als ihre Mutter den jahrelangen Kampf gegen den Krebs verliert. Das Mädchen kommt in eine Pflegefamilie, fühlt sich dort wie ein Fremdkörper, wie ein fünftes Rad am Wagen. Kindheit und Jugend werden durch Trauer und Trostlosigkeit bestimmt. Dann gerät sie ins Rotlichtmilieu, erlebt brutale Abgründe. Und wird fast ermordet.

Was kann ein Mensch ertragen, ohne endgültig zu zerbrechen? Die Autobiografie eines entwurzelten, misshandelten Kindes.
ISBN: 978-3-95753-693-8